BEI GRIN MACHT SICH IHR
WISSEN BEZAHLT

- Wir veröffentlichen Ihre Hausarbeit,
  Bachelor- und Masterarbeit

- Ihr eigenes eBook und Buch -
  weltweit in allen wichtigen Shops

- Verdienen Sie an jedem Verkauf

**Jetzt bei www.GRIN.com hochladen
und kostenlos publizieren**

Michaela Runge, Michael Voss

Automatisiere Einzelentscheidung nach § 6a BDSG

GRIN Verlag

Bibliografische Information der Deutschen Nationalbibliothek:

Die Deutsche Bibliothek verzeichnet diese Publikation in der Deutschen National-
bibliografie; detaillierte bibliografische Daten sind im Internet über http://dnb.d-
nb.de/ abrufbar.

Dieses Werk sowie alle darin enthaltenen einzelnen Beiträge und Abbildungen
sind urheberrechtlich geschützt. Jede Verwertung, die nicht ausdrücklich vom
Urheberrechtsschutz zugelassen ist, bedarf der vorherigen Zustimmung des Verla-
ges. Das gilt insbesondere für Vervielfältigungen, Bearbeitungen, Übersetzungen,
Mikroverfilmungen, Auswertungen durch Datenbanken und für die Einspeicherung
und Verarbeitung in elektronische Systeme. Alle Rechte, auch die des auszugsweisen
Nachdrucks, der fotomechanischen Wiedergabe (einschließlich Mikrokopie) sowie
der Auswertung durch Datenbanken oder ähnliche Einrichtungen, vorbehalten.

Impressum:

Copyright © 2004 GRIN Verlag GmbH
Druck und Bindung: Books on Demand GmbH, Norderstedt Germany
ISBN: 978-3-638-74797-4

Dieses Buch bei GRIN:

http://www.grin.com/de/e-book/25872/automatisiere-einzelentscheidung-nach-6a-
bdsg

Die Regelung zur automatisierten Einzelentscheidung

§ 6a BDSG

Ihre Prinzipien, aktuelle Beispiele und Konsequenzen

für einschlägige ausgefeilte Verfahren der Wirtschaft

von

Michaela Runge

Michael Voß

Inhaltsverzeichnis

1   EINLEITUNG..4

2   § 6A BDGS „AUTOMATISIERTE EINZELENTSCHEIDUNGEN"..4

2.1   Die Vorlage: Artikel 15 der EG-Datenschutzrichtlinie 7

2.2   Die Begründung für § 6a BDSG.. 7

2.3   §§ 19 und 34 BDSG "Recht des Betroffenen auf Auskunft" 8

3   CHECKLISTE FÜR DIE ANWENDUNG DES § 6A BDSG...............9

4   AKTUELLE BEISPIELE 10

4.1   Scoring 10

    4.1.1   Hausinternes Scoring 11

    4.1.2   Externes Scoring 13

    4.1.3   Die SCHUFA-Holding 14

4.2   Informa Unternehmensberatung GmbH.. 16

4.3   Direktwerbung 18

4.4   Personalmanagement 19

5   KONSEQUENZEN...20

Literaturverzeichnis

4

Einleitung

Am 23.05.2001 trat das novellierte Bundesdatenschutzgesetz (BDSG) in Kraft. Zweck dieser Novellierung war überwiegend die Umsetzung der EU-Datenschutzrichtlinie 95/46/EG vom 24.10.1995 durch den Bundesgesetzgeber.

Im Zuge dieser Novellierung wurde dem BDSG auch der § 6a - automatisierte Einzelentscheidung hinzugefügt, nach dem belastende Entscheidungen, die aufgrund von Persönlichkeitsprofilen ohne zusätzliche Überprüfung durch einen Menschen erfolgen, grundsätzlich zunächst verboten sind[1].

1 § 6a BDGS „Automatisierte Einzelentscheidungen"

Die Maschine darf nicht über den Menschen entscheiden![2]

Diesen Grundsatz setzt das BDSG in der Regelung zur automatisierten Einzelentscheidung in § 6a BDSG um. Im Unterschied zu den sonstigen Regelungen des Gesetzes geht es hier nicht um die Begrenzung der Verarbeitung personenbezogener Daten, sondern um ihre Verwendung gegenüber den Betroffenen in Form automatisierter Entscheidungen.[3]

Normadressaten sind die für die Verarbeitung verantwortlichen Stellen[4]. Von Bedeutung ist diese Regelung gleichermaßen sowohl für die öffentlichen Stellen, wie auch für die nicht-öffentlichen Stellen im Sinne von §1 Abs. 2 Nr.1 und Nr. 3.

Absatz 1 des § 6a enthält ein grundsätzliches Verbot bestimmter Entscheidungen („... dürfen nicht ..."). Ausnahmen hiervon regelt dann der Absatz 2. Im 3. Absatz schließlich ist der datenschutzrechtliche Auskunftsanspruch geregelt.

---

[1] Vgl. http://www.datenschutz-berlin.de/recht/de/ggebung/bdsg_neu/bdsgbref.htm
[2] Siehe auch 2.2 Die Begründung für § 6a BDSG
[3] Vgl. Simitis, 2003, S. 559
[4] Vgl. §3 Abs. 7 BDSG

Der Anwendungsbereich dieser Vorschrift ist dadurch eingeengt, dass es sich um eine Entscheidung handeln muss, die ausschließlich aufgrund einer automatisierten Verarbeitung erfolgt[5], und die rechtliche Folgen für den Betroffenen nach sich zieht oder zumindest eine erhebliche beeinträchtigende Wirkung hat[6]. D. h. eine erneute Prüfung durch einen Menschen darf bei der Entscheidung nicht vorgesehen sein.

Sobald aber ein Mensch die letzte Entscheidung trifft, welche sich nur auf einen automatisiert erzeugten Entscheidungsvorschlag stützt, findet der § 6a BDSG keine Anwendung.

Absatz 1 setzt Artikel 15 Absatz 1 der EU-Datenschutzrichtlinie um. Danach dürfen Entscheidungen, nicht ausschließlich auf automatisierte Verarbeitung personenbezogener Daten gestützt werden, wenn sie den Betroffenen belasten. D. h. wenn Entscheidungen entweder eine rechtliche Wirkung nach sich ziehen oder den Betroffenen erheblich beeinträchtigen.

<u>Rechtliche Folgen[7]:</u>

Im öffentlichen Bereich haben i. d. R. Verwaltungsakte rechtliche Folgen. Das können z. B. sein:

- Die Erteilung einer Erlaubnis,
- die Bewilligung,
- die Verweigerung,
- die Rücknahme oder
- der Widerruf

einer Leistung.

Im nicht-öffentlichen Bereich haben vor allem Willenserklärungen rechtliche Folgen. Hier sind das z. B.:

---

[5] Vgl. § 3 Abs. 2 BDSG
[6] Vgl. Klug, Christoph, 2004, S.189
[7] Vgl. Simitis, 2003, S. 561

- die Annahme eines Vertragsangebotes oder
- die Kündigung eines Vertrages.

Erhebliche Beeinträchtigung[8]:

Eine bloße Belästigung reicht nicht aus. Vielmehr muss die Entscheidung eine nachhaltige Beeinträchtigung bspw. Der wirtschaftlichen oder persönlichen Entfaltung des Betroffenen bewirken. Beispiele sind

- die Ablehnung eines Kreditvertrages oder
- einer Stellenbewerbung.

Absatz 2 setzt Artikel 15 Absatz 2 Buchstabe a der EU-Datenschutzrichtlinie um und beinhaltet Ausnahmen von Absatz 1.

Das Verbot der automatisierten Entscheidung gilt nicht:

- Wenn die Entscheidung im Sinne des Betroffenen gefällt wird.
- Wenn der Betroffene von der verantwortlichen Stelle über die Tatsache des Vorliegens einer automatisierten Entscheidung (nach § 6a Abs. 1) verständlich und für ihn nachvollziehbar informiert wird. Er muss der Mitteilung auch entnehmen können, auf welche Weise er eine Wahrung seiner berechtigten Interessen bewirken kann.
- Und wenn er seinen Standpunkt zum Sachverhalt geltend machen kann und die verantwortliche Stelle daraufhin ihre Entscheidung erneut überprüft, wobei die erneute Überprüfung dann nicht in ausschließlich automatisierter Form erfolgen darf.

Absatz 3 setzt Artikel 12 Buchstabe a, dritter Spiegelstrich der EU-Datenschutzrichtlinie um. Damit bezieht sich das Recht des Betroffenen auf Auskunft nach § 19 gegenüber öffentlichen Stellen und § 34 gegenüber nicht-öffentlichen Stellen auch auf den logischen Aufbau des

---

[8] Vgl. Simitis, 2003, S. 562

Verfahrens, also nach welchen logischen Kriterien die automatisierte Entscheidung letztlich getroffen wird.

Die Ausweitung des Auskunftsanspruches durch Abs. 3 soll dem Betroffenen veranschaulichen, auf welche Weise seine Daten zu einer Entscheidung verarbeitet werden. Er muss der Auskunft entnehmen können, welche Daten und Bewertungsmaßstäbe zugrunde liegen, um die Richtigkeit der Entscheidung überprüfen und letztlich auch bestreiten zu können[9].

1.1 Die Vorlage: Artikel 15 der EG-Datenschutzrichtlinie

Die Regelung des § 6a BDSG geht unmittelbar auf Artikel 15 EG-Datenschutzrichtlinie vom 24. November 1995 zurück und übernimmt diese Vorschrift fast wörtlich.

In ihrer Begründung zur EG-Richtlinie bringt die Europäische Kommission sehr deutlich zum Ausdruck, was sie mit diesem Artikel bezwecken will. Dort heißt es, dass die Gefahr einer missbräuchlichen Verwendung der Informatik bei der Entscheidungsfindung eine der Hauptgefahren der Zukunft ist; maschinell generierte Entscheidungen einen scheinbar objektiven und unbestreitbaren Charakter haben, dem ein menschlicher Entscheidungsträger leicht übermäßige Bedeutung zumessen kann.

1.2 Die Begründung für § 6a BDSG

§6a BDSG soll in Umsetzung des Artikel 15 der EG-Datenschutzrichtlinie verhindern, das für den Betroffenen bedeutsame Negativentscheidungen ergehen, die ausschließlich auf automatisiert erstellten Persönlichkeitsprofilen beruhen, ohne dass er die Möglichkeit hat, die zugrunde liegenden Angaben und Bewertungsmaßstäbe zu erfahren und seinen Standpunkt geltend zu machen.

---

[9] Vgl. Simitis, 2003, S. 567

Letztlich sollen Entscheidungen von Tragweite – zumindest soweit sie
für den Betroffenen nachteilig sind – nicht allein von Maschinen,
sondern immer noch unter Würdigung der Einzelfallumstände
vomnMenschen getroffen werden. Nur so kann den berechtigten
Interessen der Betroffenen angemessen Rechnung getragen werden.[10]

1.3 §§ 19 und 34 BDSG
"Recht des Betroffenen auf Auskunft"

Die §§ 19 und 34 wurden unter Beachtung der EG-Datenschutzrichtlinie
verändert. Vor allem der Artikel 12 Buchstabe a erster Spiegelstrich und
der Artikel 13 Abs. 1 Buchstabe g waren hier von Bedeutung.

Es wurde der Umfang des Auskunftsrechts erweitert und zwar um die
Information über Empfänger oder Kategorien von Empfängern. Eine
Ausnahme wurde aber auch hinzugefügt. Dabei geht es um den Schutz
der „Rechte und Freiheiten anderer Personen".

Im § 34 Abs.1 Satz 3 und Abs. 2 Satz 2 ist daher geregelt, dass die
Wahrung des Geschäftsgeheimnisses das Auskunftsrecht des
Betroffenen überwiegen kann.

Und im § 19 Abs. 2 Satz 1 fallen unter den Schutz der „Rechte und
Freiheiten anderer Personen" die Speicherung personenbezogener
Daten aufgrund gesetzlicher, satzungsmäßiger oder vertraglicher
Aufbewahrungsvorschriften, sowie aufgrund der Datensicherung oder
Datenschutzkontrolle. Außerdem gilt dieser Schutz auch dann, wenn
eine Auskunftserteilung einen unverhältnismäßig hohen Aufwand
erfordern würde.

Im Bezug auf § 6a Absatz 3 müssen dem Betroffenen demnach nicht
alle Einzelheiten der verwandten Software mitgeteilt werden. Er hat
aber einen Anspruch, über die tragenden Funktionsprinzipien der

---

[10] Vgl. Klug, Christoph, 2004, S.135

Programme informiert zu werden. Wenn Standardsoftware verwandt wird, genügt auch deren genaue Bezeichnung[11].

Der § 19 aus dem zweiten Abschnittdes BDSG regelt das Recht des Betroffenen auf Auskunft gegenüber öffentlichen Stellen. Wo hingegen der § 34 aus dem dritten Abschnitt des BDSG das Recht des Betroffenen auf Auskunft gegenüber nicht-öffentlichen Stellen und öffentlich-rechtlichen Wettbewerbsunternehmen regelt.

2 Checkliste für die Anwendung des § 6a BDSG

1. Werden personenbezogene Daten verarbeitet, die der Bewertung einzelner Persönlichkeitsmerkmale dienen?
Nein:
Ende der Prüfung, das Verbot der automatisierten Einzelentscheidung gilt nicht.
Ja:
Weiter mit Frage 2.

2. Werden auf der Basis dieser Daten Entscheidungen gefällt, die für den Betroffenen rechtlich relevant sind?
Nein:
Weiter mit Frage 3;
Ja:
Weiter mit Frage 4.

3. Werden auf der Basis dieser Daten Entscheidungen gefällt, die den Betroffenen erheblich beeinträchtigen?
Nein:
Ende der Prüfung, das Verbot der automatisierten Einzelentscheidung gilt nicht.
Ja:
Weiter mit Frage 4.

4. Besteht zwischen der automatisierten Datenauswertung und der Entscheidung ein Automatismus?
Nein:

---

[11] Vgl. Erwägungsgrund 41, EU-Datenschutzrichtlinie

Ende der Prüfung, das Verbot der automatisierten Einzelentscheidung gilt nicht.

Ja:

Weiter mit Frage 5.

5. Fehlt vor der Entscheidung eine ergänzende Prüfung durch eine Person?

Nein:

Ende der Prüfung, es handelt sich nicht um eine automatisierte Einzelentscheidung.

Ja:

Weiter mit Frage 6.

6. Ergeht die Entscheidung im Rahmen des Abschlusses oder der Erfüllung eines Vertragsverhältnisses oder eines sonstigen Rechtsverhältnisses und wird dem Begehren der Betroffenen stattgegeben?

Nein:

Weiter mit Frage 7.

Ja:

Kein Verbot der autom. Einzelentscheidung.

7. Wird die Wahrung der berechtigten Interessen der Betroffenen durch geeignete Maßnahmen gewährleistet und wird den Betroffenen von der verantwortlichen Stelle die Tatsache des Vorliegens einer rechtlich relevanten oder erheblich beeinträchtigenden Entscheidung mitgeteilt?

Nein:

Dann ist die beabsichtigte Nutzung des Verfahrens unzulässig.

Ja:

Kein Verbot der autom. Einzelentscheidung.

3 Aktuelle Beispiele

3.1 Scoring

Scoringverfahren wurden ursprünglich für den Versandhandel entwickelt. Darunter versteht man ein Ausleseverfahren, bei dem für jede Anschrift in Deutschland ein Scorewert ermittelt wird, der aussagt, ob man ein attraktiver Kunde oder ein unattraktiver Kunde ist.

Scorewerte bekommen heute eine immer größere Bedeutung in der Kreditwirtschaft. Für den Betroffenen können ihr Aussagen gravierende Auswirkungen bis hin zum Verlust der Kreditwürdigkeit haben.

Aus Sicht des Datenschutzes sind Scorewerte personenbezogene Daten.

Ob die Durchführung eines Scorings für eigene Zwecke und auch externe Scoringverfahren nach § 6a BDSG rechtmäßig sind, soll im Folgenden geklärt werden.

3.1.1 Hausinternes Scoring

Das hausinterne Scoring ist in erster Linie nach § 28 Abs. 1 Nr. 2 BDSG zu beurteilen. Demnach ist eine automatisierte Verarbeitung als Mittel für die Erfüllung eigener Geschäftszwecke zulässig, wenn sie „zur Wahrung berechtigter Interessen der verantwortlichen Stelle erforderlich ist."

Weiterhin darf auch kein Grund zu der Annahme bestehen, dass das schutzwürdige Interesse der Betroffenen an dem Ausschluss der Verarbeitung oder Nutzung überwiegt.

Dass ein berechtigtes Interesse eines Kreditinstituts an der Reduzierung von Kreditrisiken durch interne Prüfungsverfahren besteht, wird niemand ernsthaft in Frage stellen.

Heutzutage können Kreditvergaben nicht mehr aufgrund persönlicher Bekanntschaft entschieden werden. Dies entspricht nicht den Anforderungen des modernen Kreditgeschäfts.

Insbesondere die kreditgebende Wirtschaft ist daher auf objektiv nachvollziehbare Kriterien der Kreditvergabe angewiesen. Ob aber dazu der Einsatz von Scoringverfahren notwendig ist, ist fraglich.

Wichtig ist daher eine konkrete Ausgestaltung des Verfahrens.

Erstellt das Unternehmen einen Scorewert anhand objektiv nachvollziehbarer Kriterien, so unterscheidet er sich wenig von sonstigen legitimen Überprüfungsformen der Kreditwürdigkeit.

Um die Eignung des Verfahrens offenkundig zu machen, müssen die Grundstruktur des Verfahrens und die verwendeten Kriterien nachprüfbar und nachvollziehbar sein.

Denn ansonsten können Sachbearbeiter keine Ausnahmesituationen erkennen, die eine abweichende Entscheidung rechtfertigen würden.

Der Betroffene hat nach § 34 BDSG einen Auskunftsanspruch über seine gespeicherten Daten und den Zweck der Speicherung. Dieses Recht wird bei einer automatisierten Einzelentscheidung in § 6a Abs. 3 BDSG auf den logischen Aufbau der automatisierten Verarbeitung erweitert.

Die Regelung des § 6a BDSG bestätigt also, dass hausinterne Scoringverfahren zu Geschäftszwecken rechtmäßig sind, wenn der Betroffene darüber ausreichend informiert wird und die Möglichkeit hat, seinen Standpunkt geltend zu machen.

Nur wenn der Scorewert lediglich eine Entscheidungshilfe darstellt, besteht keine Auskunftsverpflichtung gegenüber dem Betroffenen über den logischen Aufbau der automatisierten Verarbeitung.

Zusammenfassend kann man sagen, dass schutzwürdige Interesse des Betroffenen steht hausinternen Scoringverfahren nicht grundsätzlich entgegen.

Diesem Verfahren müssen objektiv nachvollziehbare Kriterien und Bewertungsmaßstäbe zugrunde liegen, und der Betroffenen ist bei der Datenerhebung über die Tatsache des Scorings zu informieren.

3.1.2 Externes Scoring

Externe Scoringverfahren hingegen sind stets datenschutzrechtlich problematisch, wenn sie nicht auf einer wirksamen Einwilligung des Betroffenen beruhen.

Externe Scorewerte werden von einer verantwortlichen Stelle gebildet, um sie entgeltlich an andere Stellen z.B. Banken zu übermitteln.

Die Werte werden hier meisten gebildet, indem regelmäßig Daten mit statistischen Krediterfahrungen abgeglichen werden.

Das soll den Vorteil haben, dass ein besonderer „Mehrwert" gegenüber der bloßen Datenauskunft erzeugt wird. Wenn die reinen Daten dem Datenempfänger vorliegen, besagen sie nämlich nicht stets erkennbar etwas über das Zahlungsverhalten des Betroffenen.

Erst über mathematisch- statistische Analysen der Daten entsteht die konkrete Zuordnung des Scorewertes zur betroffenen Person.

Damit soll zu den unmittelbar kreditrelevanten Informationen, die einer Bank vorliegen, eine *zusätzliche* Bonitätsaussage hinzugefügt werden.

Gerade darin liegt aber auch die besonders datenschutzrechtliche Problematik von extern gebildeten Scorewerten. Fällt der Scorewert günstig aus, hat der Betroffene kein besonderes Interesse an dem Ausschluss des Wertes aus der Entscheidung.

Sollte der Wert allerdings nicht günstig ausfallen, hat der oben beschriebene „Mehrwert" zur Folge, dass weder der spätere Datenempfänger des Scorewertes, also die Bank, noch der Betroffene auch nur ansatzweise nachvollziehen können, aufgrund welcher Daten und Kriterien der Betroffene kreditwürdig sein soll oder nicht.

Der Scorewert wirkt also wie eine Black Box, die weder für den Scorewertnutzer noch für den Betroffenen rational nachvollziehbar ist.

Ohne strikte Einwilligung des Betroffenen sind extern gebildete Scorewerte also datenschutzrechtswidrig.

3.1.3 Die SCHUFA-Holding

Die SCHUFA-Holding ist verantwortlich für die Koordination der SCHUFA-Auskunfteien, in deren Datenbanken rund 300 Millionen Personen gespeichert sind.

Die SCHUFA bietet, wie andere Unternehmen auch, „Credit Scores" an. Dabei handelt es sich um den praktisch bedeutendsten externen Scorewert Deutschlands, der so genannte ASS- Scorewert.

Eigenen Angaben von SCHUFA- Vertretern zufolge, wird der ASS-Scorewert nicht gespeichert, sondern unmittelbar bei der Übermittlung einer Bonitätsauskunft generiert.

Bislang bezieht sich der Meinungsstreit ganz überwiegend auf den Akt der Übermittlung des Scorewertes. Dabei wird übersehen, dass bereits die Bildung des Scorewertes den Rechtsmäßigkeitsanforderungen nach § 29 Abs. 1 BDSG unterliegt.

Diese Regelung gestattet ausschließlich Datenerhebung, Datenspeicherung und Datenveränderung.

Der SCHUFA- Scorewert wird jedoch weder gespeichert noch geändert. Seine Herstellung fällt jedoch auch nicht unter die üblichen begrifflichen Kriterien der Datenerhebung. Denn die Datenerhebung setzt ein Beschaffen und damit das Erheben personenbezogener Daten voraus. Die Bildung neuer personenbezogener Daten aus vorhandenen Datenbeständen fällt nicht unter den Begriff der Datenerhebung.

Die Schaffung des ASS- Scorewertes der SCHUFA ist folglich als Nutzung anzusehen, die aber von § 29 Abs. 1 BDSG nicht erlaubt wird.

Und zwar aus gutem Grund:

Bei der Datenerhebung und bei der Datenveränderung darf man von einem existierenden Datenbestand ausgehen, bei der Speicherung ist ebenfalls eine zumindest vorübergehende Aufbewahrung des Scorewertes gewährleistet. Aufgrund dessen kann der Betroffene sein nach § 6a Abs. 3 BDSG unabdingbar zustehendes Recht auf Auskunft geltend machen.

Die Art und Weise der Generierung des ASS- Scorewertes umgeht jedoch die Ausübung des Auskunftsrechts, weil in der Regel keine Speicherung stattfindet. Damit hat der Betroffene nicht nur keine Chance, die Grundlage des Scorewertes zu hinterfragen, sondern in der Regel noch nicht mal die Möglichkeit, den übermittelten Scorewert als solches zu erfahren.

Selbst wenn man solche Scoringverfahren unter den Begriff der Datenerhebung zusammenfasst, ist zu beachten, dass der Wert aus Daten gebildet wird, die von Vertragspartnern an die SCHUFA zur weiteren Verwendung übermittelt werden. Die Rechtmäßigkeit dieser Übermittlung ist aber stets an eine Einwilligung gebunden.

Die aktuelle SCHUFA-Klausel erwähnt zwar den ASS-Scorewert, genügt aber nicht annähernd den Transparenzforderungen des § 4 a BDSG.

Noch gefährlicher wird es, wenn bei einigen Banken dieser Scorewert nicht mehr separat, und damit für den Bearbeiter des jeweiligen Antrags auch nicht mehr erkennbar, ausgewiesen wird.

Die von der SCHUFA übermittelten Werte werden teilweise direkt automatisiert in andere Parameter des Kreditinstitutes eingearbeitet. Der Sachbearbeiter wird also nur noch mit dem Ergebnis der Computeranalyse konfrontiert, ohne die einzelnen Berechnungen in irgendeiner Weise nachvollziehen zu können.

Das ASS- Scoringverfahren genügt also in mehrfacher Hinsicht nicht den datenschutzrechtlichen Anforderungen.

Sollte man mal eine Eigenauskunft über die eigenen gespeicherten Daten anfordern, wird der Scorewert bei der nächsten Analyse garantiert schlechter ausfallen.

Denn der Betroffene hat offensichtlich etwas vor, also könnte auch etwas passieren!

3.2 Informa Unternehmensberatung GmbH

Die INFORMA Unternehmensberatung GmbH bietet ihren Kunden seit 1996 Strategieberatung, Scoring-Leistungen und andere Service-Leistungen. Sie hat Standorte u. a. in Pforzheim und Wiesbaden. Ihre Kunden sind hauptsächlich in Deutschland, der Schweiz und Österreich zu finden. Ihr Ziel ist es Unternehmen zu unterstützen, „verborgene Potenziale ihrer Kunden zu nutzen und Risiken einzugrenzen."[12]

Zu ihren Kunden gehören Kreditinstitute, Versicherungsgesellschaften, Telekommunikationsunternehmen sowie der Einzel- und Versandhandel.

Die Firma Informa Unternehmensberatung GmbH bekam im Jahre 2001 den BigBrotherAward in der Kategorie „Business und Finanzen" für ihr Scoring-Verfahren.

Die BigBrotherAwards Deutschland wurden 1998 ins Leben gerufen, um die öffentliche Diskussion um den Datenschutz zu fördern.

Der missbräuchliche Umgang mit Technik und Informationen soll dadurch für die Öffentlichkeit aufgezeigt werden.

„Dieser Preis wird an Unternehmen verliehen, die in besonderer Weise und nachhaltig die Privatsphäre von Menschen beeinträchtigen oder persönliche Daten Dritten zugänglich machen."[13]

---

[12] Vgl. http://www.informa.de/
[13] Vgl. http://www.bigbrotheraward.de

Die Informa Unternehmensberatung GmbH weiß sehr viel über die
Kunden ihrer Kunden, und daher kann sie auch beurteilen, ob eine
Person einen Handyvertrag bekommen sollte, ob man ein Auto in Raten
abzahlen darf oder ob man für eine Versicherung ein guter Kunde wäre.

Die Informa benötigt nur den Namen, die Anschrift und das Alter einer
Person, um deren Score zu ermitteln.

Sollte es einmal über eine Einzelperson keine Daten geben, bedient
man sich hier der Bewertung der entsprechenden Nachbarn links und
rechts nebenan.

Die Informa schöpft ihre Daten aus einem sehr umfangreichen
Datenpool. Sie steht in Kooperation mit Quelle, Neckermann und der
InfoScore Consumer Data GmbH. Des Weiteren bekommt sie so
genannte Lifestyle-Daten von der Lifestyle Consumer GmbH.

Das bedenkliche an diesem Scoring-Verfahren ist auf der einen Seite,
dass die Informa GmbH ihren Scorewert selbst als einen rein
mathematisch-statistischen Wert bezeichnet. Die Informa ist der
Meinung, das er zwar eine Vorhersage von Wahrscheinlichkeiten sei,
aber nicht die Bewertung einer Person.

In der Praxis ist der Scorewert aber genau das, er bewertet die Bonität
eines Menschen.

Auf der anderen Seite bringt der Scorewert vielfältigste Informationen in
eine Zahl, die dann aussagt, ob ich ein attraktiver Kunde bin oder nicht.

Und genau an dieser Stelle handelt es sich um eine automatisierte
Einzelentscheidung nach § 6a BDSG. Das Problem ist allerdings, dass
man schlicht nicht nachvollziehen kann, wenn diese Entscheidung
getroffen wird.

Als Verbraucher weiß man davon nix, denn höchstens „im Kleingedruckten der AGBs der entsprechenden Firmen steht, dass Daten mit der Informa GmbH ausgetauscht werden."[14]

Problematisch wird es dann, wenn aufgrund eines Scorewertes z.B. eine Versicherung gekündigt wird. Dies stellt nach § 6a Abs. 1 BDSG eine erhebliche rechtliche Folge mit einer negativen Beeinträchtigung dar, denn meist hat der Betroffene auch danach starke Schwierigkeiten bei einer neuen Versicherung einen neuen Vertrag zu bekommen.

Selbst wenn die Verbraucher in Kenntnis gesetzt werden, dass es sich hier um eine automatisierte Einzelentscheidung nach § 6a BDSG handelt, wissen sie meist nicht aus welchen Daten sich diese Zahl zusammensetzt, was nach § 6a Abs. 3 BDSG offen gelegt werden muss. Außerdem kann der Verbraucher nach § 19 BDSG auch verlangen, dass ihm die gespeicherten Daten und der Zweck der Speicherung offen gelegt werden.

Laut der Produktmanagerin Sonja Liebig ist es Informa- Kunden „unter Androhung empfindlicher Vertragsstrafen verboten, einem Geschäftspartner alleine auf Basis des Scorewertes einen Vertrag zu verweigern oder gar zu kündigen."[15]

In der Praxis sieht das allerdings ganz aus. Da kann es passieren, dass man aufgrund des Scorewertes keinen Kredit bekommt oder kein Auto kaufen kann.

3.3 Direktwerbung

Datenschutzrechtlich ist Direktwerbung grundsätzlich erlaubt. Dennoch sind in Deutschland die Möglichkeiten von Direktwerbung stark beschränkt. Dies ist jedoch nicht auf das BDSG zurückzuführen, sondern auf § 1 UWG. Die bloße Verstopfung von Briefkästen ist keine Persönlichkeitsrechtsgefährdung durch Informationstechnik.

---

[14] Vgl. http://www.bigbrotheraward.de/2001/
[15] Vgl. http://www.bigbrotheraward.de/2001/

Denn beispielsweise die Tatsache, dass kommerzielle Prospekte einer Reihe durch Computer bestimmter Personen zugeschickt werden, stellt in der Regel keine rechtliche Folge oder Beeinträchtigung nach § 6a Abs. 1 BDSG dar.

Oder wenn der Verbraucher auf der Grundlage der Verarbeitung kein Angebot erhält, wird seine Rechtsposition im Vergleich nicht verschlechtert.

Wenn die Übersendung von Werbematerial aber auch dann nicht eingestellt wird, obwohl der Empfänger vom Versender mehrmals eine Einstellung verlangt hat, könnte auch diese Tatsache den Betroffenen erheblich beeinträchtigen.

Oder auch die unverlangte Übersendung von Emails, mit beispielsweise pornographischen Angeboten mit einschlägigem Bildmaterial, kann eine erhebliche Beeinträchtigung[16] darstellen.

Allerdings müssen dann auch diese Entscheidungen „ausschließlich auf eine automatisierte Verarbeitung personenbezogener Daten gestützt werden."

Elektronische Medien (z.B. Fax, Telefon, Mail) dürfen in Deutschland nach § 1 UWG für Zwecke der Direktwerbung nur mit ausdrücklicher Einwilligung des Verbrauchers eingesetzt werden.

3.4 Personalmanagement

In Hinsicht auf § 6a BDSG ist es im Personalmanagement zulässig, im Vorfeld einer Personalbesetzung eine automatisierte Vorauswahl nach bestimmten Suchkriterien zu treffen.

Allerdings ist es beispielsweise nach § 6a BDSG nicht rechtmäßig einen Arbeitssuchenden lediglich aufgrund der Ergebnisse eines psychotechnischen Computertests abzulehnen. Oder die Erstellung von Listen mithilfe solcher Beurteilungssoftware, die Noten zuweisen und

---

[16] Vgl. § 6a Abs. 1 BDSG

die Bewerber in einer bestimmten Reihenfolge auf der Grundlage ihrer Persönlichkeitstests einordnen.

Wenn solche Tests vorgenommen werden, dann muss der Sachbearbeiter den Einzelfall prüfen und die Entscheidung letztendlich selbst treffen.

4 Konsequenzen

Für die Anwendung des § 6a BDSG kann man zusammenfassend sagen, dass Scorewertverfahren grundsätzlich datenschutzrechtlich nicht zu beanstanden sind, wenn sie für eigene Zwecke durchgeführt werden und der Betroffene über die Tatsache des Scorings informiert wurde.

Problematisch sind hingegen extern gebildete Scorewerte, denn dann steht das schutzwürdige Interesse des Betroffenen regelmäßig der Bildung und weiteren Verwendungen des Wertes entgegen.

Anderes gilt nur, wenn der Betroffene seine wirksame Einwilligung gegeben hat, wobei hier strenge Transparenz- Anforderungen an die Einwilligung zu stellen sind.

Im Allgemeinen kann man sagen, dass die Interessen der Öffentlichkeit durch solche Datenschutz- Bestimmungen in erster Linie gewahrt werden.

Auf der anderen Seite gibt es dadurch auch eine Mehrbelastung der Wirtschaft. Beispielsweise durch die Einführung von Informationspflichten im Rahmen der Erhebung personenbezogener Daten und die Einführung eines Auskunftsrechts bei automatisierten Einzelentscheidungen[17] entsteht für die Wirtschaft ein Mehraufwand, der natürlich auch mit Kosten verbunden ist.

---

[17] Vgl. § 6a Abs. 3 BDSG

Literaturverzeichnis

Abel, Dr. Horst G.

Praxiskommentar zum Bundesdatenschutz

Kissing, 2002

WEKA MEDIA GmbH & Co. KG

Klug, Christoph

BDSG – Interpretation

Materialien zur EU-konformen Auslegung

Frechen, 2004

2. Auflage

DATAKONTEXT-FACHVERLAG GmbH

Simitis, Spiros

Kommentar zum Bundesdatenschutzgesetz

5. Auflage

Baden-Baden, 2003

Nomos Verlagsgesellschaft

Berliner Beauftragter für Datenschutz und Informationsfreiheit

http://www.datenschutz-berlin.de/

Falsche und fehlende Informationen

Datenschützer kritisieren "Verbrauchertäuschung" durch Schufa

http://www.ngo-online.de/ganze_nachricht.php4?Nr=5652

10.5.2 Wann liegt eine automatisierte Einzelentscheidung im Sinne des
§ 6a BDSG vor?

http://www.bfd.bund.de/information/tb19/node87.html#SECTION001252
000000000000000

Deutscher Direktmarketing Verband e.V.

Arbeitskreis Datenschutz,

Auswirkungen des neuen Bundesdatenschutzgesetzes 2001

auf das Direktmarketing,

Juli 2001
http://www.trebbau.de/lounge/pdf/BDSGHAND.PDF

Fraenkel, Rechtsanwalt
November 1999
http://www.kanzlei-fraenkel.de/cgi-bin/texte/data/26.pdf

Kladroba, Andreas
Das neue Datenschutzrecht in der betrieblichen Praxis
Dezember 2003
http://www.uni-essen.de/fb5/pdf/131.pdf

Die deutschen BigBrotherAwards
http://www.bigbrotheraward.de

www.ingramcontent.com/pod-product-compliance
Lightning Source LLC
La Vergne TN
LVHW042313060326
832902LV00009B/1467